Sekundenhauch.

Josefine Klett

-jk-

Impressum

© 2020 Klett Josefine

Herstellung und Verlag:

BoD - Books on Demand

Norderstedt

ISBN 978-3-7504-6979-2

Meine persönlichen Worte an
Dich:

Josefine

-Gedichte-

Hallo Du,

bevor **Du** das Lesen
beginnst, möchte ich Dich
darauf hinweisen, dass
dieses Buch gerne auch mit
deinen Gedanken und
Gefühlen zu den Gedichten
ausgestattet werden darf.
Du kannst es als Leinwand
für deine Kunstwerke
benutzen oder auch als
Seelentröster an schweren
Tagen, falls Du traurig
bist. Sehe es einfach als
kleinen Sekundenhauch
meiner Bewunderung an Dich.

*kleine versteckte Nachricht im
fettgedruckten.

-Vorgedanke-

Es sind solche Gedanken,
die mich wach halten und
mich die Person sein
lassen, die ich wirklich
bin. Umgeben von der
vertrauten Dunkelheit
meines Zimmers und der
Nacht, tippe oder schreibe
ich die Wörter auf, reihe
sie aneinander, sodass sie
ein Geflecht aus meinen
Gedanken werden, einen
erdachten Moment
beschreiben. Manchmal kommt
dieser Strom ganz
unvorbereitet und dann muss
ich mich beeilen, um jeden
Gedanken aufzufangen, der
aus meinem Kopf auf das
Blatt regnet. Ich schreibe
so lange, bis ich mit mir
im Reinen bin und der Regen
des ewigen Gedankenstroms
langsamer wird…-jk-

-Verblasst im Vergleich-

Keine Illusion meiner
Selbst

keine hat mir je so
gefallen,

wie mein ich,

ganz ungeschminkt, ein
Unikat,

kein Allerweltsgesicht.

Das gibt es nicht.

Wir sind so reich,

doch können es nicht sehen.

Denn dieser Reichtum wird
versteckt,

für viele ewig unentdeckt.

Du hast den Schlüssel,

es scheint alles so leicht.

Aber lass Dir gesagt sein,

Selbstliebe verblasst im
Vergleich.-jk-

~~sometimes~~
manchmal ist
alles ein bisschen
compliziert...

-aufhalten-

Nichts kann mich aufhalten,

laufe ich nur doppelt so
schnell.

Doch die Umsetzung der
Schritte,

braucht viel mehr als einen
Anlauf,

stolpernd geh ich Richtung
Ziel.-jk-

-Gedankenutopie-

Was bringen die schönsten
Gedanken, bleiben sie nur
bunte Utopie.

Nichts bringt die Momente
zurück,

die mich schreien, lachen,
weinen lassen,

außer die Gedanken selbst.

Denn die Zeitfenster sind
nie durchschaubar.

Diese kleinen
Erinnerungsfetzen,

**aus den Emotionen der Seele
geformt.**

Doch weiß ich geben sie mir
nie wieder die echten
Geschichten,

denn sie skizzieren immer
wieder neue Geschehnisse
hinzu.

Deshalb lebe im Jetzt,

weil die Utopie der
Erinnerungen hat dreckige
Fenster.-jk-

-Fenster-

Manchmal schaue ich in die
Fenster

von hell erleuchteten
Wohnungen am Morgen

und wünsche mir, Wir wären
wie sie.

Ich wünsche mir zusammen
aufzuwachen

und die Morgenzeit zu
teilen

oder vielleicht doch nicht.

Vielleicht würden wir uns
anschweigen,

anschreien.

Glück ist immer ein
Risiko.-jk-

-Erwachsenwerden-

Es ist der Moment, indem Du
realisierst,

dass jeder Weg,

den du alleine gehst

und jede Entscheidung,

die du selbst fällst,

das Erwachsenwerden

nach sich zieht.-jk-

Du bist viel mehr
als dein äußerlicher
Schein.
-jk-

-erkennen-

Lass mich in Deine Augen
sehen,

deine Seele erkennen.

Ich möchte deinen
Herzschlag hören,

dein ich erfassen,

Dich ganz verstehen.-jk-

-Hallo-

Hallo liebes ich,

es ist mir wichtig, dass du
weißt

ich bin immer für Dich da,
doch hab nicht immer für
dich Zeit.

Liebes ich, Du hast dich
nie beschwert, nie gefragt,

an keinem noch so schlimmen
Tag,

hast gewusst, dass ichs
ertrag.

Diese Zeit in der man nicht
auf diese Stimme hört, die
sagt

Nimm Dir Zeit für mich,
dann trag ich Dich.

Hast du dein Ich jemals
gefragt?-jk-

blühe.

-jk-

-Beständig im Verändern-

Ich fange viel an

und höre viel auf.

Ich bin Beständig

im Verändern.

Ich schlafe im Alltag,

doch mein Kopf ist
hellwach.

Mein Schalter im Herz

das Licht grell am
Flackern.

Mein Herzschlag ganz flach,

grausame Stille.

Gib mir ein bisschen mehr
Gefühle.

Ich brauche mehr
Gedankenkrach.-jk-

-Nachtluft-

Der helle Sichelmond noch
über mir.

Der Rauch der neben mir aus
der Zigarette glimmt.

Es fühlt sich an wie
Nachtluft, am Morgen.

Als ob der Tag in der Nacht
beginnt.-jk-

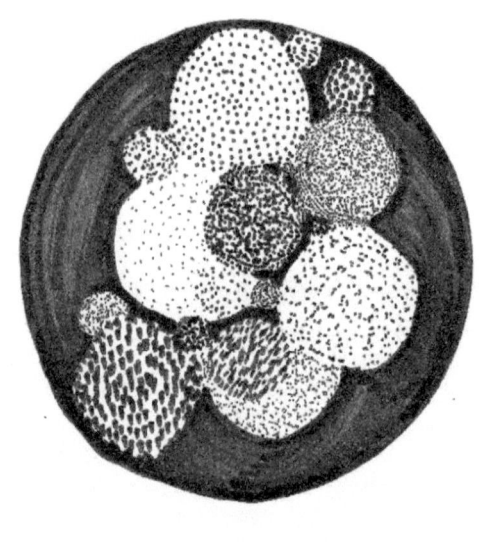

-Paradoxon-

Ein Paradoxon hast du mich
genannt.

Doch denke ich daran, warst
du Derjenige,

der mich nie verstand.-jk-

Doch sehe ich nur

 was mein Herz

mir verspricht? -jk-

-Melodie der Nacht-

Es sind doch eher die
Nächte in denen man das
Leben spürt.

Das Leben pulsiert viel
intensiver in den Lichtern
der Nacht.

Die kühle Luft vertreibt
die schlechten Gedanken.

Wir fühlen uns so viel
freier als am Tag.

Wir leben frei von Zwängen,
mit denen uns der Tag
belastet hat.

Nachts spielen wir das
Leben nach unseren Regeln.

Unsere pulsierenden Herzen

sie bestimmen den Takt.

Wir sind die Melodie der
Nacht.-jk-

-Regen-

Der Duft vom Regen am
Morgen

an dem wir erwachen

ist so viel schöner

als der Tag danach.

Dieses Vakuum der Stille,

das leise Flüstern der
Gefühle

ist längst nicht
vergleichbar

mit der Schönheit dieses
Moments.-jk-

-erzählt-

Ich habe ihr von dir
erzählt,

ihre Augen geweitet,
fassungslos der Blick.

Ich fühle mich dahin
zurück.

Ich öffnete mein Herz.

Eine Gänsehaut am ganzen
Körper

antwortete mir zurück.

Draußen fiel der Regen,

als hätte ers geplant.

Denn es war genauso.

Der Regen fiel vom grauen
Himmel

an diesem Tag um vier.

Ich öffnete mein Herz,

eine Gänsehaut am ganzen
Körper

antwortete mir zurück.

Draußen fiel der Regen, als
hätte ers geplant.

Doch was du dann getan
hast,

hätte ich wohl nie geahnt.

-jk-

-Blätter-

Wenn du die Blätter rings
umher

ansiehst,

fügen sie sich zu einem
perfekten Werk zusammen,

ein buntes Farbenspiel.

Doch wenn du ein Einzelnes
betrachtest,

dann siehst du Risse,
Narben, Flecken.

Nichts lässt sich
verstecken.

So ist es auch mit unseren
Gefühlen.

In der Masse sehen wir alle
glücklich aus.

Wir bewegen uns in der
Gesellschaft ohne
Auffälligkeiten.

Allein betrachtet jedoch
erkennt man

deutlich unsere Fehler,
Narben,

Kanten und Ecken.

Warum wollen wir sie
verstecken?-jk-

Pause.

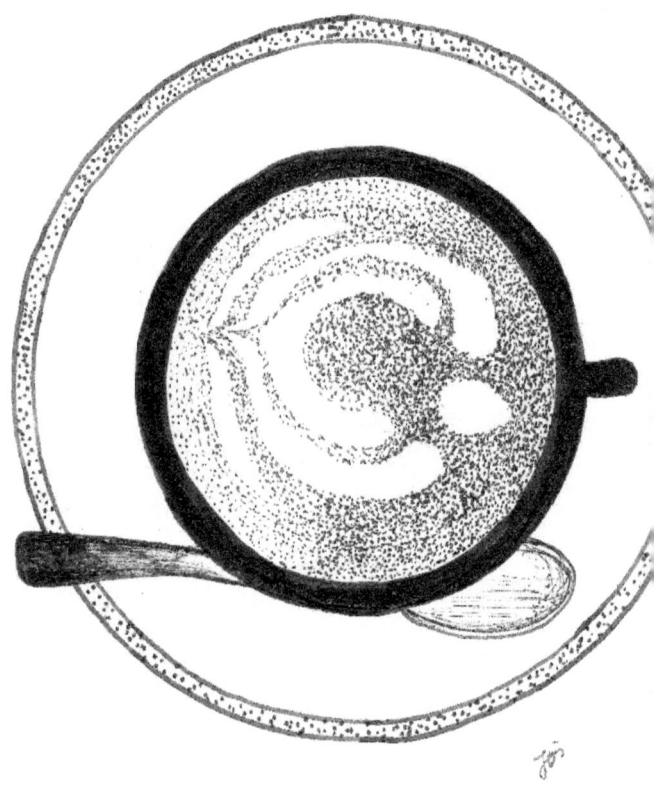

-12:31-

Zu Hause ist manchmal eben
doch ein Ort.

Ein Ort an dem
Geborgenheit, Wärme

und Menschen auf einen
warten.

Menschen, die deine
Persönlichkeit ganz ohne
Worte verstehen

oder einfach nur Du selbst.

Es ist 12:32, ich bin zu
Hause.

Hier kann ich meine Seele
fallen lassen,

die Hektik abschalten,

neue Ideen finden

und gelassen in die Ferne
sehen.-jk-

-ohne Grund-

Doch ich kann nicht immer
schreiben, denn das Tosen

es rauscht laut.

Der Ozean in meinem Kopf
bäumt sich langsam wieder
auf.

So viele Meere in mir, doch
da ist keines ohne Grund.

-jk-

-Prag-

Meine Augen erkunden diese
Plätze, nehme alles in mir
auf, tummelnde Menschen,
rauschende Sätze.

Sehe bunt beglaste Fenster,
alte Fassaden, glänzend
zwischen Neu und Alt.

Menschen, die auf ihre Tram
warten.

Gestresste Hektik, die
schnelle Schritte mir
verraten.

Doch ich will nicht baden
in der Schnelle, dieser
ruhelosen Menge.

Ich will innehalten, mich
von dem Moment berauschen
lassen, in die Ferne
schweifen,

mein Fernweh stillen und
die Seele treiben lassen.

-jk-

Du

wirst

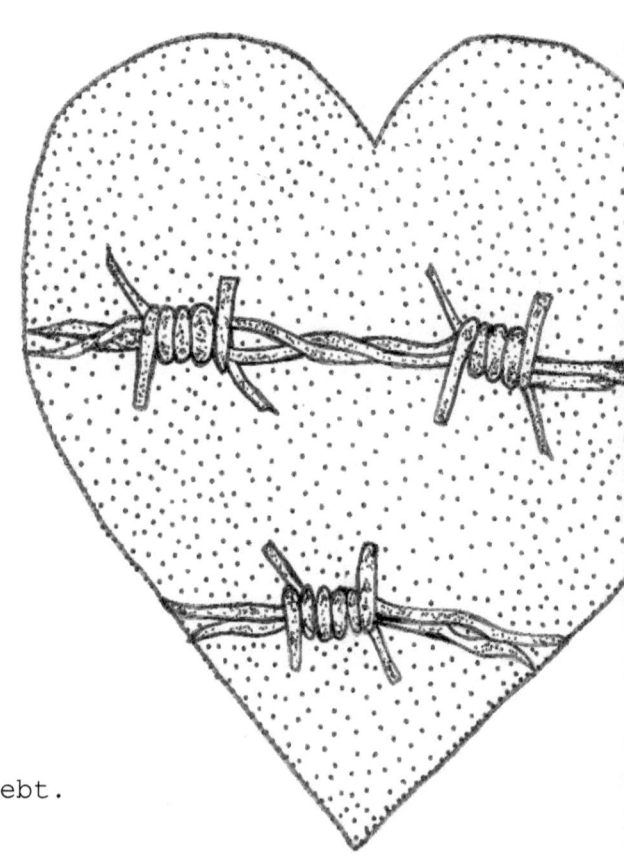

geliebt.
-jk-

-Herz-

Etwas in mir ist
explodiert, vor Freude und
Glück.

Etwas in mir gibt jeden Tag
ein kleines Stück.

Etwas in mir sagt, dass es
immer weiter geht.

Etwas in mir meine Schuld
und Angst für ewig mit sich
trägt.

Etwas in mir träumt von
einer anderen Welt.

Etwas in mir füllt mich
aus, hält wie Säulen ein
altes Haus.

Etwas in mir das nie
zerbricht, es beschützt
mich,

als wärs seine Pflicht.-jk-

-Schwermut-

Ich habe nichts verloren,
außer die Naivität in
meinem Blick.

Sie ist verschwunden, als
ich das Leben suchte,

soweit zum großen Glück.

Es ist so viel geblieben
und doch so viel
zerstieben,

der Schwermut der die Brust
zerdrückt

schaut zu mir im
Rückspiegel

und ich lache Ihm zurück.

-jk-

-offenes Buch-

Wir schauten uns nur an,
tagelang.

Doch wusstest du mit diesen
Blicken schon viel mehr von
mir,

als Menschen, mit denen ich
seit Monaten mein Leben
verbrachte.

Du wusstest viel zu viel.

Ich wollte wissen, wie dir
das so gut gelang.

Du sagtest zu mir ich bin
wie ein offenes Buch,

doch du hattest keine Lust
zu lesen.

Stattdessen wolltest du
mich sofort und gänzlich
verstehen.

Deine Hände rissen die
Seiten aus, auf denen ich
versuchte

dich in Zeilen zu
beschreiben.

Ich habe es damals nicht
verstanden.

Heute weiß ich,

Du wolltest nie bleiben.

-jk-

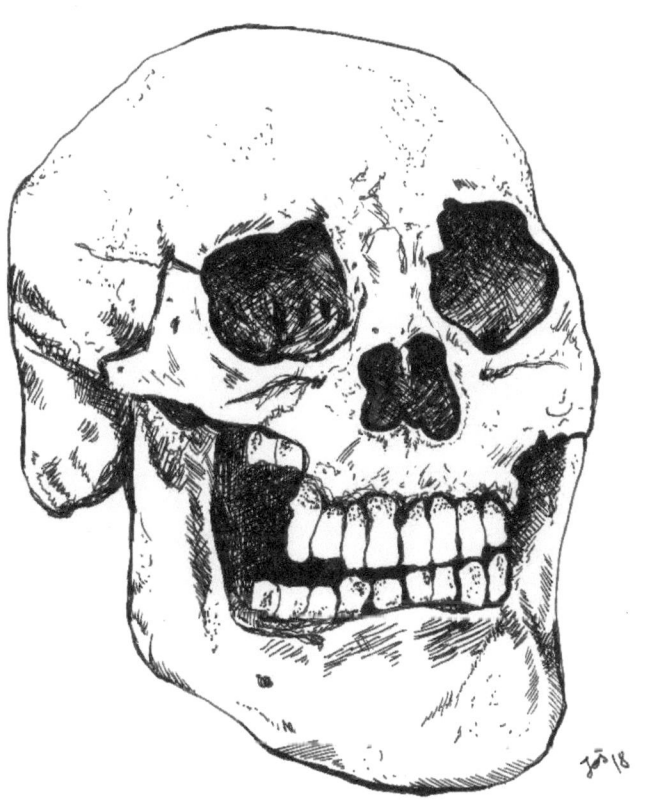

-wie ihr-

Ich will entfliehen wie
ihr,

vor der Masse an Fluten

an Farben, Bildern, vor den
Kommentaren,

den schlechten und guten.

Meine Augen brennen

von der täuschenden Welt,

gib mir die Leere,

ich möchte im Nichts
verweilen,

ganz ich selber sein. -jk-

-Stadtgeflüster-

Hier oben, so dachte ich,

hier herrscht die Stille.

Ein leises Schweigen der
Gefühle,

leergeräumte Tische,
hochgestellte Stühle.

Hier ist kein Ort so, dass
ich mich je zu Hause fühle.

Menschenmassen, viel zu
viele.

Doch jetzt beim Blick auf
diverse Gassen,

bunte Lichter und
leuchtende Straßen,

da wendet sich das Blatt.

Ich kann sie erkennen, die
lebendige Stadt.

Die Luft scheint gesättigt
von Wärme und belebenden
Gedanken.

Nichts ist mehr
unpersönlich, spüre die
Gefühle, die wanken.

Jetzt hört man das Klingen,
das Summen der tausenden
Stimmen, das Flackern und
Flimmern,

von Ampeln und Lichtern.

Das Pulsieren der
summierten Herzen, das
Ticken der Uhren, das
vernehmen von tausenden
Sätzen.

Es ist mir fast so ich kann
die Stadt flüstern hören,
mich ihrer Stimme nicht
widersetzen. -jk-

-Ruhe-

Du steigst aus.

Aus dem Bus,

aus dem Alltag,

aus dem Gespräch,

aus der Hektik.

Du gehst,

hinein in die Ruhe,

in die Wohnung,

in dich Selbst.-jk-

-Sekundenhauch-

Denke ich darüber nach,

dann scheint es so,

als hätte ich noch nichts

von dieser wundervollen
Welt

verstanden,

nicht mehr als nur einen

Sekundenhauch begriffen.

Denn die Zeit,

sie beginnt immer wieder
neu.

-jk-

Ich

bin

(un)perfekt.

-Leere-

Ruhelosigkeit ist ein
Gefühl der Leere,

obwohl Ruhe dabei der Leere
fast gleichzusetzen wäre.

Es ist wie ein
umhertreiben, ein Warten,

ein leises Rauschen.

Zu weit entfernt von dem
Ozean da draußen.

Dem Ozean der sich mein
Leben nennt.

Bin ich dran schuld? Fühl
mich so fremd.

Nirgendwo ist Raum für
meine Zeit, keine Stille

passt in meinen Kokon des
Alltags

und

Leere gleicht der
Ruhelosigkeit.-jk-

-Schlangenbisse-

Deine Augen haben mich
angesehen

Wie eine Beute, die gleich
verschlungen wird.

Du warst die Schlange, die
mich hypnotisierte.

Deine Lippen schlossen sich
um die meinen.

Das Gift strömte ein. Ein
Teil von mir starb,

ganz langsam, zuckend, an
deinem Gift.

Meine Vernunft zerschellte
an deinen Lippen,

denn ich wollte es so.-jk-

-zeitversetzt-

Es ist verrückt,

es ist, als wärst du nie
weg gewesen,

als wären wir nur eine
Woche in andere Richtungen
gefahren

und treffen uns jetzt,

als hätte sich nichts
geändert,

als war unsere Freundschaft

zeitgleich, zeitversetzt.

-jk-

Fernweh und Sehnsucht nach
Meer.

-zufrieden-

Ich gebe mich mit nichts
zufrieden,

mit keiner Sicht hier auf
die Welt.

Doch im Moment, da herrscht
der Frieden,

bin nur ein Mensch, der
liebt, was hält.-jk-

-Seelensommer-

Manchmal, da fühlt sich
meine Seele an, als wäre
sie ein Garten voll mit
Blumen, an einem Juniabend,
von schwerem Blütenduft
getragen.

Dann zieht sie die Momente
an, wie Honigbienen.
Momente voller Menschen,
die man schätzt. Momente,
so farbenreich, wie die
Blüten.

Sommer ist jetzt.-jk-

-wolkenweiß-

und ich saß noch nie in
einem Flieger.

Das ist Fakt.

Ich will endlich die Wolken
streifen,

mal Länder von oben sehen.

Ich lerne die Sehnsucht zu
verstehen,

wie sie vorbeizieht.

In wolkenweiß und
himmelblau. -jk-

-Moment-

Bis zu dem Moment

als dein Blick

sich in meinen Augen
verfing,

hätte ich nie geglaubt,

dass meine Seele

je an der Liebe hing. -jk-

Du

bist

schön.

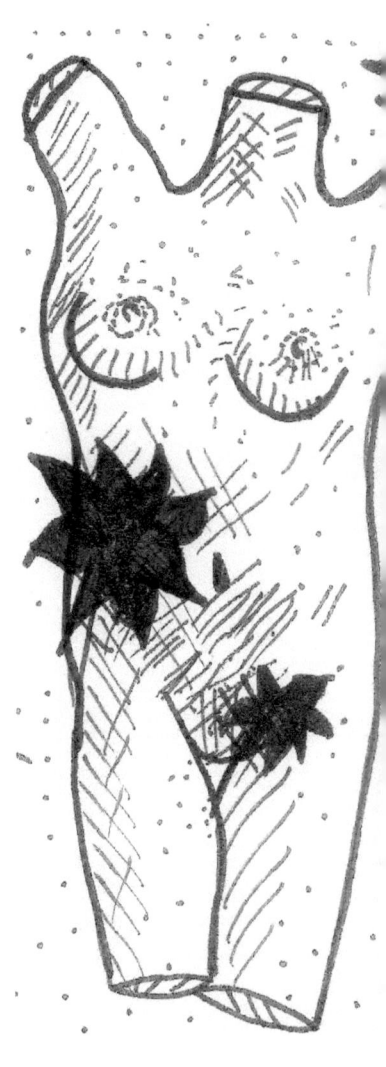

-Lichtermeer-

Wie die Motte das Licht
findet,

Lichtstrahlen einfängt, sie
leicht umtanzt,

so tanzt auch mein Herz,
leise flüsternd im Takt.

Denn das Mondlicht ist da.

Laternenlicht, das Glas so
kalt und glatt, streife die
Dunkelheit ab,

die sich in mir einst
verfangen hat.

Ich werd mich nicht mehr
verstecken,

kein Dunkel kann mich mehr
erschrecken.

So tanzt mein Herz jetzt
laut im Takt

Und jeder Lichtstrahl gibt
mir Kraft.

Denn meine Seele, sie ist
wild

und ich sehne mich so sehr.

Doch nicht nach Dir,

denn ich brauch nichts,

nichts mehr,

als nur ein Lichtermeer.

-jk-

-Spiegel-

Dein Blick zeigt mir keine
neue Sicht.

Ich schaue Dich an.

Du schaust mich an.

Ich sehe mich wie in einem
Spiegel.

Mein Gesicht in deinem
eingefang.

Du siehst mich nicht. Wir
sind zu gleich.

Du bist wie ich, was mir
nicht reicht.-jk-

-Wünsche-

Es ist gleich Nacht,

doch wann hab ich mal
nachgedacht,

über mich und meine
Wünsche.

Keine Sterne, kein
Meeresrauschen in der Ferne

tausend Kilometer weit,
Fernweh.

Ein Wunsch der in die Leere
treibt.

Unsichtbare Wünsche, sie
erfüllen sich nicht in
Einsamkeit.

Es geschieht ganz wie von
selbst,

wenn der Tag die Nacht
vertreibt.-jk-

-Zimt-

Manchmal braucht man

so etwas wie

eine kleine Prise Zimt,

auf die Antworten im Leben.

Denn das was wir bekommen,

ist nicht das was wir
erstreben.-jk-

-Hassliebe-

Du hast mich verletzt ohne
Worte.

Du hast mir nicht wehgetan,
mich aber erbarmungslos mit
deinen Blicken geschnitten.

Du hast mich kaum berührt
und ich bin unsichtbar
geworden. Ich habe es
geliebt.

So leicht, nur das
Adrenalin.

Du hast mich gefangen, dein
Blick war echt, deine Worte
auch. Deine Hände
bestimmend,

aber später hast du dich
entlang deiner Lügen
verraten, wie eine
Schlange.

Du nahmst mir die Luft.

Ich habe es mir sogar
gewünscht.

Hassliebe, ein Synonym für
das Geschehene.

Ich schreibe dir Gedichte,
die du nicht verdienst.

Gedichte aus den Schatten
von dir.

Ich wollte es so, spricht
deine Stimme mir ein.

Das ist alles schon lange
her und trotzdem denke ich
manchmal daran.

Ich versuche dich zu
hassen, aber es gelingt mir
nicht,

denn ich habe es so
gewollt.-jk-

-nur vermuten-

Wir könnens nur vermuten,
wohin die Welt sich dreht,

dass es weitergeht, dass
sich das Herz bewegt,

wofür sich die Gedanken
interessieren,

das Metronom den Takt
vorzählt an dem sich

der Herzschlag orientiert,
weiter schlägt

und dein Leben weiter
trägt, weiter noch

als die Flügel der Vögel,
sehe sie gen Süden ziehen,

wie Gedanken in die Luft
schweben.

Wohin die Welt sich dreht,
dass es weitergeht,

dass sich das Herz bewegt,
wofür sich die Gedanken
interessieren,

Wir könnens nur vermuten.

-jk-

-Blütenblätter-

Meine Seele entfaltete sich
wie eine Blüte,

erst ganz zierlich und
fragil.

Ein Sturm riss mir die
Blütenblätter aus.

Ich zweifelte an meiner
Schönheit, hab mich nur von
außen besehen,

traute mich nicht mehr im
Sturm zu blühen.

Keine Blüten sind mehr
getrieben, Zeit rann dahin.

Bis ich erkannte, dass der
Sturm ein Zeichen war.

Egal wie ich bin,

wer ich war und was mit mir
geschah.

Im Laufe der Zeit habe ich
erkannt,

wenn der Sturm kommt
fliegen die Blätter durch
den Wind.

Die Blütenblätter tun es
ihnen gleich.

Das tun die Blumen, um der
Welt zu zeigen, dass sie
auch ohne ihr Antlitz,

ganz schöne Seelen sind.

-jk-

-Seelenverwandte-

und manchmal da hat man
Intuitionen, Vorahnungen.

Bestimmte Situationen, die
in einem das Gefühl
auslösen, den Moment
festhalten zu wollen.

Menschen, die das Leben
prägen, sind ein Teil der
eigenen Entwicklung.

Ihre Leben spinnen ein
unsichtbares Band entlang
der eigenen Lebenslinie.

Solche Menschen sind
Seelenverwandte.

Halt Sie ganz fest an
deinem Herzen. -jk-

-Wunder-

Da ist so viel,

was wir nicht erwarten,

versuchen wir nur an

die Wunder zu glauben.-jk-

-Eiszeit-

Du hast gesagt, da ist so
etwas wie Eis zwischen uns,

dass nur die Zeit in
Leidenschaft verwandelt.

Komm und küss mich,
tagelang,

damit wir das Eis gemeinsam
schmelzen lassen.-jk-

-Zweifel-

Das Zweifeln scheint uns
angeboren.

Wir sind zum Zweifeln
auserkoren.

Die Zweifel hängen an uns,

beschatten unsere Seelen.

Jeder Mensch versucht

einen Anderen

seine Zweifel aufzuquälen.

Sind wir dazu gemacht

Den Tag zu überdenken?

Lässt Du dich ganz von

diesen dubiosen Zweiflern
lenken?

Als hätten wir Zeit,

unsere wertvolle Zeit

zu verschenken.

Sollen wir nicht lieber
leben,

als alles zu zerdenken.-jk-

-Sicht-

Und haben wir doch die
gleichen Chancen sind

Wir doch nicht gleich.

Denn sind wir nur die, die
uns Andere glauben lassen,

was sie denken das können
wir nicht erfassen.

Denn ob richtig oder falsch
ist es doch alles eine
Frage der Sicht.

Ob wir die Wahrheit sehen
wollen, oder nicht.

Wir haben alle ein Gesicht
und wie du mich findest

hängt nur ab von deiner
Erfahrung,

Wahrnehmung und deiner
subjektiven Sicht.-jk-

eine Prise

Gelassenheit

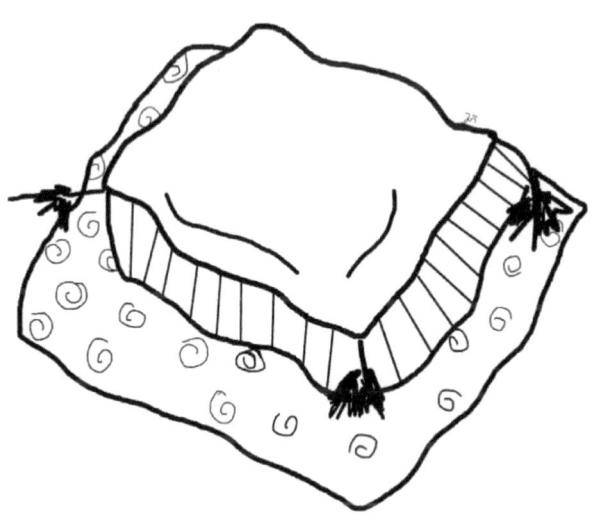

für Dich.

-Kissen-

und wenn du mich verstehst,
dann lass es mich wissen.

Leg dich neben mich, ich
schlaf nicht gerne ein,

ohne dein Gesicht neben
meinem Kissen.

-jk-

Ozean

        des

                Lebens.

-jk-

-Gläser der Nacht-

Und die Frage ist, würde
ich öfter weggehen,

wenn Du nicht mehr da
wärst?

Würde ich die Sehnsucht
ertränken in den vollen
Gläsern der Nacht?

Oder würde ich leise und
allein in stillen Zimmern
an Dich denken,

oder an den Lippen von
Anderen dabei an meiner
Klippe der Gefühle
zerschellen?

Ich glaube das wäre so.

Bitte bleib. Du bist mein
Fels, an dessen Oberfläche
sich meine Wellen am
liebsten brechen, bis das
wir zusammen ertrinken,

am vollen Glas, im Ozean
des Lebens.-jk-

-November-

Schon wieder November.

Nur noch einmal Dezember.

Ganz leise dieses Jahr
verstrich,

ich denk an Dich, hab ein
Lächeln im Gesicht.

Es ist Dezember.

Du denkst an mich.-jk-

-Silvester-

Was auch immer mir das neue
Jahr verspricht.

Ich will mit dir sehen, wie
das Feuerwerk

den dunklen Nachthimmel
zerbricht.-jk-

-Sternenlicht-

Da ist etwas,

so viel was ich sagen will.

So viel,

wie das Licht

der brennenden Kerze noch
ausglimmt.

Am Abend, der in die Nacht
mündet.

Eine sternenklare Nacht,

die nichts als das
Sternenlicht beleuchtet.

Die Kerze brennt noch
immer,

sie ist noch nicht
ausgegangen

und ich liege hier

und warte auf Dich.

Ich warte, dass Du wieder
da bist und

mich in die Arme schließt.

Das du mir sanft sagst, was
ich dir bedeute

und das dieses Feuer, was
noch

in der Kerze brennt,

dir sagen soll,

dass ich immer auf Dich
warten werde

und bei Dir bin.-jk-

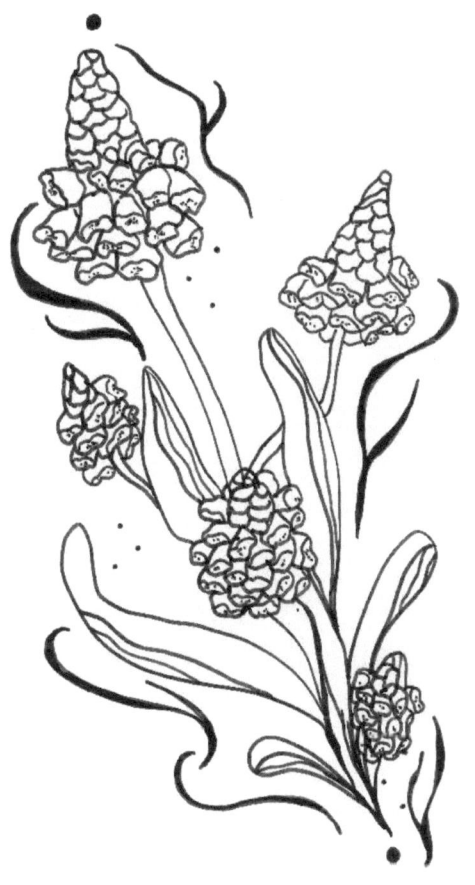

-eigenes Wunder-

Ich werde mich nicht dazu
entscheiden

Alles hinter mir zu lassen.

Ich werde mich dazu
entscheiden,

zu lieben, zu vergeben

und keine Menschen mehr zu
hassen.

Menschen, die mir gezeigt
haben,

welchen Neid sie empfinden,

welch kleine Horizonte ihre
Gedanken vereinen.

Denn kein Mensch ist es
wert,

dein Glück zu vergessen,

um bittere Tränen zu
weinen.

Denn Du bist,

Du bist dein eigenes
Wunder.

Niemand kennt Dich so wie
ich.

Du hast die Klugheit im
Gedanken

und dein Lächeln im
Gesicht.

Diese Menschen, die dich
„hassen",

die erkennen Dich einfach
nicht.

Weil sie einfach gar nichts
lassen,

nicht vergeben,

nicht lieben

und ihr Leben längst
verpassen.-jk-

-Flieger aus Papier-

Versuch doch einfach mal zu
leben

wie in der Stadt daneben.

Lass Dir niemals einreden,

Du darfst nicht für deine
Träume alles geben.

Lässt alles hinter Dir,

baust nen Flieger aus nem

Blatt Papier.

Lässt deine Träume
wegfliegen,

lässt die Welt Dich ganz
verbiegen.

Hast Du dir nicht mal
geschworen

Du schaust nicht mehr
zurück,

sondern nur nach vorn.

Hat sich dein Glück denn
schon versteckt

oder hast Du dein Leben

noch nicht neu entdeckt…

-jk-

-Vorhang-

Nachdem ich es mir anders
überlegt habe,

habe ich erkannt,

dass hinter dem ganzen
grauen Vorhang

des Alltags,

doch noch ein kleiner
Schimmer

des Tageslichtes

auf mich wartet.

Dieser Schimmer war
stellvertretend,

stellvertretend für mein
Lebensglück.

Ich wusste, wenn ich

nur den Vorhang ein wenig beiseite

schieben könnte, nur ein kleines Stück.

Dann fällt der Schimmer auf mich

und mit ihm auch

all mein Glück.-jk-

und

ist

      wichtiger

als

    Du.

-Gestern-

Keine Ahnung, was ich
mache,

wenn ich den Halt verlier.

Ja nur Gestern konnt ich
bleiben

und wenn Du bleibst bleib
ich bei Dir.

Wenn Du willst, dann könn
wir streiten

oder schreibs mir auf
Papier.

Wenn Du willst, dann kann
ich bleiben

aber bitte nicht bei mir.

Wo ich war, da war nur
Winter,

doch wo Du bist, da war
noch Licht.

Hast gedacht, wir komm
dahinter,

hast gedacht, ich kenn uns
nicht.-jk-

-ohne Bedeutung-

Dinge ohne Bedeutung sind
wertlos.

Momente ohne Sinn,

sie ziehen dahin.

Was macht einen Moment
wertvoll?

Denn ich kann keine Zeit
dazugewinnen.

Deshalb bin ich verrückt,

flieg mit dem Kopf durch
die Sterne

und flieg gerade aus,
Richtung

unendliche Ferne.-jk-

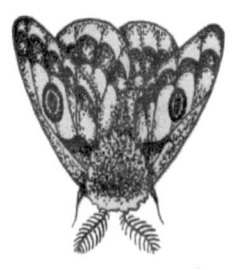

-Universum-

Wir sind so etwas

wie Staubkörner im
Universum.

Zusammen

können wir die schönsten

Sterne erschaffen.-jk-

Ich danke Dir,

dass Du diese Zeilen gelesen hast. Zeilen, die mir so unendlich viel bedeuten. Zeilen die Dich und mich glücklich, traurig, verletzlich und doch letzten Endes mutig machen.

Ein kleiner Hauch Hoffnung, den ich Dir hiermit tief in die Schatztruhe deines Herzens lege.

Ich danke Dir, für all die Gedanken, Impulse und Gefühle, die das Lesen bei Dir ausgelöst haben. Es macht mich glücklich, dass es Menschen gibt, die ich mit meinen Worten erreiche. Du bist Einer, dieser ganz besonderen Menschen und eines darfst Du nie vergessen: Du bist dein eigenes Wunder! Feb.2020

Deine Josefine

Deine Notizen und Gedanken
finden hier einen sicheren
Platz.

Notizen

Notizen

Zu meiner Person:

Ich heiße Josefine Klett und wurde am 11.09.1998 in Jena geboren. Ich habe mich schon in meiner frühen Kindheit fürs Schreiben interessiert. Später dann habe ich es immer mehr vernachlässigt, weil ich deshalb ausgegrenzt wurde. Ich war noch nie der Mensch der sich gerne anpasst. Ich bin für die Menschen da, die mir am Herzen liegen und liebe es, sie mit meiner Art zum Lachen zu bringen.

Ich hätte es nie für möglich gehalten, dass meine niedergeschriebenen Gedanken und Worte irgendwann mal andere Menschen motivieren und ihnen helfen, an sich selbst zu glauben. Das ist mein größtes Geschenk.-jk-

Du bist ein Unikat

aus den Emotionen

der Seele geformt.-jk-